blauregenrauschen

Gedichte

Hanne Strack

Dorante Edition

blauregenrauschen

Gedichte

Hanne Strack

Bibliografische Information durch die Deutsche Nationalbibliothek: Die Deutsche Nationalbibliothek verzeichnet diese Publikation in der Deutschen Nationalbibliografie; detaillierte bibliografische Daten sind im Internet über http://dnb.d-nb.de abrufbar.

Herausgegeben durch das Literaturpodium, Dorante Edition
Berlin 2023, www.literaturpodium.de
ISBN 9783757886899

Foto auf der Vorderseite: Hanne Strack
Foto auf der Rückseite und im Band: Fotograf W. Keber

Alle Nachdrucke sowie Verwertung in Film, Funk und Fernsehen und auf jeder Art von Bild-, Wort-, und Tonträgern sind honorar- und genehmigungspflichtig. Alle Rechte vorbehalten. Das Urheberrecht liegt bei der Autorin.

© 2023 Hanne Strack
Herstellung und Verlag: BoD – Books on Demand, Norderstedt

Hoffnung

ein Wort
ist ein Raum
der zum Verweilen lädt

Gott und Menschen
können sich darin niederlassen
bei offenem Fenster
flattern Vögel herein
kleine Raupen
kommen durch Ritze gekrochen

bis sie als Schmetterlinge
hinausfliegen
auf der Suche nach neuen Räumen

Rückblick – Lichtblick

Lichtblick

wir sind uns zugetan
und wohlgesonnen
die Freundschaftsfäden
sind stabil gesponnen

die Zuneigung auf festem Boden
ein Muster bunt darin verwoben
kein Grund sich darüber zu sorgen
kein banger Blick in ungewisses Morgen

die Pandemie
so schrecklich sie sich zeigt
ein Lichtblick – bleibt

wir sind uns zugetan
und wohlgesonnen

Gesicht zeigen

immer
wenn Menschen Masken tragen
hat Wärme einen weiten Weg

nicht nur
in Pandemiezeiten

die Stille

Interview in Coronazeiten

hab` sie gefragt
wie sie sich fühlt
so fett und fließend
mit Flügelschatten
Ruhe über uns ergießend

wie sie sich hört
doch eigentlich das Gegenteil
von laut
in ihrem Sein gestört
ihr Wirken leiseleis auf Sand gebaut

sie hat gelacht
behutsam wie sie ist
und auch geweint
weil keiner sie mehr ruft
und niemand sie vermisst

das stille Leis`
so ohne ihn
den Lärm
sei sie ein Nichts
und ganz gewiss

wie Weiß so blass
wenn es kein Schwarz mehr gibt

Gedankenflüge

schwarze Rabenvögel
erheben sich im Flug
distanziert
Richtung Wolkengebilde
  weil sie`s können

und wir
Erdverbundenen

Masken
Abstand
Kontaktvermeidung
  weil wir`s müssen

Gedankenflüge
aus offenen Fenstern
über Köpfe Grenzen Mauern hinweg
zu allen Liebsten
    weil wir`s wollen

kleine Guthaben

an
Frühling Freude Zuversicht
aus der Erinnerungskiste

angelegt
für schlechte Zeiten

noch im Minuszins
Hoffnung
auf Wachstum

Mensch
ich brauch dich

dein DaSein
dein NahSein
dein Kümmern
dein Erzählen

dein Nerven
dein Lachen
und Weinen
dein Gesicht
und deine Hand

deine Ruhe
deinen Lärm

dein Mitgefühl
deinen Gesang

du Mensch in allen Variationen
du Frau du Mann du Tochter du Sohn
du Mutter du Vater
du Freundin
du Nachbar

du Fremder
du Mitmensch du Unmensch
du an der Kasse vor mir
und dahinter

ich brauch dich
du Mensch

Zitronenfalter – Zuversicht

Rosmarin

bruchstückhaft
die grauschwarzen Nächte
durchwebt von
bunten Traumfäden

erst
wenn das Bild auftaucht
vom Rosmarin
verhüllt im eisigen Mantel

freue ich mich
aufs Wachwerden

gut so

der erste Zitronenfalter
ist mir über den Weg geflogen

hätte er gewusst
was mir unsere Begegnung
bedeutet

er wäre geplatzt
vor Stolz

Zitronenfalter wissen nichts
sie sind einfach – schön

gut so

Gänseblümchen

wie
könnt` ich ihm böse sein?

noch nicht erwartet
Schneeweiß erhofft
im Wiesengrün der Ebene

doch
wie könnt` ich ihm böse sein?

Maiglöckchenweiß

ziert sich
noch verhalten zögerlich
im tiefkühlen Waldversteck

plötzlich
knallt ein Goldgelb
unverhofft
in den Blick

wohltönend laut
dringen Kuckuckrufe
aus dem Hellgrün der Wipfel
ins Ohr

die Sinne betört
kann der Kopf
Frühling
kaum fassen

fast

geblendet
vom Rosarot der Blutpflaume

läutet die Natur
den Frühling ein
durchdringt
die Kulisse der Düsternis
erschafft Bilder zum Überleben

fast
schmerzt
das Bunt

fast
übertönt
der Amselgesang
die schrillen Sirenen
den Lärm der Zerstörung

fast
schöpfen wir Kraft
      zum Nichtvergessen

Kirschblüten

wie sie sich auftun
in geduldiger Langsamkeit
bedächtig bereit
für zukünftiges Rot
noch weit die fetten Kirschen

in weißer Schönheit
jetzt!

und ich?
hab` stets die pralle Frucht im Kopf
trotz Bauchschmerzen
und Wissen um die Kerne

nur die Amsel
ganz oben auf dem höchsten Ast
weiß ein Lied davon

**Frühlingschaos
oder
alle sind wir Sternchen**

jeder ist jemand
jede ist jefraud
niemand ist niemand
alle sind wir Sternchen

nirgendwo ist irgendwo
irgendwann ist
     vielleicht ein Montag im März

während
nirgendwo niemand
doch irgendwo irgendwer
auf jefraud oder jemand trifft

explodieren
die Blüten der Blutpflaume
     vielleicht an einem Dienstag im April

korrekte Anrede

Mensch
immer zuerst

vor allen Buchstaben Sternchen Strichen Punkten

Mensch
immer zuerst

ein bisschen
Frau Mann Divers
egal
Mensch
immer zuerst

korrekte Anrede

so wie immer und ganz anders

———————————————————————

Karfreitag mal anders

ins sprießende Gras möcht` ich mich werfen
helle Wolken am Himmel mir Zudecke sein
nichts und niemand könnte mich nerven
alle Probleme plötzlich klein

hab`s einfach gemacht
nicht lange gefackelt
hab` laut gelacht
die Welt leicht verwackelt

paar Sonnenstrahlen gratis dazu
hell und warm
alles Ruh
keinen Laut ich vernahm

lass es so bleiben
kleine Ewigkeit lang
die Welt sich glücklich zeigen
ich bin nicht bang

bis die Kälte vom Gras
kriecht langsam nach oben
schneidend wie Glas
dunkle Wolken vorgeschoben

doch morgen werf` ich mich wieder ins Gras
vielleicht ist`s wärmer
   alles nur Spaß …

Heut`

bin ich Hase und Huhn zugleich,
feier Auferstehung, Pessach und Ramadan

heut`
bin ich rotes und grüngestreiftes Ei,
esse Schoko und Marzipan,

glaube an
Frieden und Liebe in jedem Mensch
                                drin.

   Frohe Ostern euch allen
              in diesem Sinn ...

Schaf

auf dem Damm
da steht ein Schaf
und es guckt recht blöde:

„Alles ist so öde.

Die Wolken am Himmel
heißen wie ich,
soll`n sie doch,
tangiert nicht mich.

Ich steh auf dem Damm,
gucke blöde,
die Welt um mich rum einfach öde.

Nur an Ostern
bin ich gefragt wie Sau,

ach schau …"

Feld und Wald

wenn die Kopfgespenster
ihre Purzelbäume schlagen

laufe ich los
durch Feld und Wald
über Stock und Stein

mit Seitenstichen langsam im Spazierschritt
ausgepurzelt
den Gespensterkopf

erst im Schlendern
höre ich die Vögel singen

Reh-Meeting

so für mich hin
lief ich durch den Wald,
mutterseelenallein, und mir war kalt.
Da traute ich meinen Augen kaum,
ein Reh direkt vor mir, war das ein Traum?

Der Anblick umwerfend, meine Nase taute auf,
war es festgefroren oder leicht schräg drauf?
Wir sahen uns in die Augen mit langem Blick,
es wich nicht vor und nicht zurück.

Es machte nichts anderes als einfach nur stehen,
mir fehlte die Erfahrung mit solchen Rehen!

Wir nickten uns ganz leise zu,
dabei kamen plötzlich alle Gedanken zur Ruh`,
es war die reine Meditation,
dagegen Osho ein einziger Hohn.

Und plötzlich verstand ich die Welt, wie sie ist,
vergaß all die Meetings und den anderen Mist,
hatte eine Welle direkt zu dem Reh,
spürte das Leben bis im kleinen Zeh.

Ich machte die Augen einfach zu,
und freute mich auf unser nächstes Rendezvous,
als ich sie öffnete, oh Schreck!
mir war`s saumäßig kalt und – das Reh war weg!

wo heißt schon eine Fähre Johanna

Altrhein

so wie immer und ganz anders

graublau in Moll
der Trommelwirbel des Spechts
begleitet die Spiegelungen
der verschwimmenden Bäume im Fluss
ein rotes Boot wechselt in Dur
Enten auf Abwegen

Altrhein

angekommen

unterwegs in Gedanken
Koffer vom Speicher geholt
mit den bunten Aufklebern dieser Welt

unterwegs in den Bildern
vergangener Zeiten
Erinnerungen
an weite Strände und hohe Berge

unterwegs in zerfließenden Worten
dem Schwarzweiß
der Buchstaben

um
dann
endlich
anzukommen dort
wo zwei Flüsse sich treffen
die Wasser sich vermischen
zuhause

an der Mainspitze

unverlierbar

nicht jedes Meer
gesehen
nicht jeden Windhauch
im Gesicht gespürt

all die Meere
die Stürme
die Ebben und Fluten

Muscheln
geriffelt und glatt
in Händen

hinterlassenes
Meer in mir

unverlierbar

Schokoladeneis

wenn du
nach dem Sommer rufst
vergiss die Schneeglöckchen nicht
und den Ranunkel
bevor der rote Mohn
uns wieder die Sinne
betäubt ...

Schokoladeneis

heute
wurde aus einem Gedicht
von Schokoladeneis
keines

denn
es musste gegessen werden
trotz der Fülle
an Gedanken Worten
Glücksgefühlen
die es auslöste

und
der Moment
im Schatten von Bäumen
mitten in einer großen Stadt unter Menschen
verging

bevor
die Sahne zerfloss
in einem gelblichen Stich

aß ich
mit Genuss

Sonne I

hinter Grau
sanfter das Rot
klarer das Blau

malt sie ein Bild
kein Maler könnte es besser
hinterlässt
ein Leuchten

Momentaufnahme
Glück

Sonne II

kann sie nicht verschwinden
sie
die ich liebte
in ihrer gelb-strahlenden Wärme
und ich
geborgen im hellen Schein
dieses fernen Sterns

kann sie nicht verschwinden
um fett klatschende Tropfen
auf das Dach den Boden die Menschen
in den Bach
regnen zu lassen

doch wo finde ich dich in der Dunkelheit?

Kindheitsglück

unterm Kirschbaum
Blütenträume
hochgewirbelt
beim Schaukeln unterm Kirschbaum

Kindheit Kirschen
kreativ kunterbunt
hoch geschaukelt
den Kopf voller Wolkenweiß
im Himmelblau

Kindheitsglück
abrufbar
immer

unterm Kirschbaum

schlafen verlernt

im Gedankenkarussell
der schlaflosen Nächte
in denen das Dunkel
fernbleibt

während Kopfgeburten
Glühwürmchen gleich
flirrend
verwirrend
schmerzhafte Helligkeiten
verbreiten
unüberwindbare Bergmassive
sich zusammenbrauen

barmherzig
wenn watteweiche Wolkengebilde
sich in traumvoller Schwere
herablassen
die früh blitzenden Tageslichtpunkte
ignorieren

das erlösende Schwarz
des Schlafes

beraubt

hinausschlafen
aus dem Tag

Nachtsehnen
nach kühlender Stille

in der überschwemmenden Hitze
all meiner Kräfte
beraubt

**Kaktusblüte
oder
Momente die zählen**

ein paar Tage
Sommerschönheit
monatelang unscheinbar
stachelig
und dann ...

fast tut sie weh
in diesen Zeiten
der großen Weltkatastrophen
und der kleinen Allerweltskümmernisse

umwerfend
sie existiert noch

Schönheit
die Sprache verschlägt
Atem stocken
Augen erstrahlen lässt

die glücklich macht
für Momente
die zählen

Haiku

mutmachrosenrot
einzige Sicherheit uns
Freude im Sommer

wie eine Düne

_____

wie eine Düne

wenn der Morgenhimmel
sein Blau zeigt
wächst der Tag wie eine Düne
die zerrinnt

jedes Sandkorn eine kleine Ewigkeit Leben

bis der Abend
in seiner Plötzlichkeit
eine fremde Landschaft gebiert

der Tag

schon zu kurz
noch in der Morgenstunde
die Decke bis zur Nasenspitze
und die Spatzen im Kopf
die vor der Katze fliehen

am Mittag
mich eingeholt
im Sprung auf den fahrenden Zug
Landschaft im Schnelldurchlauf

abends
nicht an die Füße denken
die der Nacht entgegen eilen
nach langem Tag

der Tag schafft mich

ich schaffe den Tag nicht
habe mein Schaff
schaffe mir einen ab
schaffe und schaffe
the whole day long

geschafft

die Nacht
erschafft Träume

schafflos glücklich

einzig

die Tage unterscheiden sich kaum

wie die Grautöne
der Wolken
zerfließen sie
verlieren sich

Farben verblassen
still
in der Sehnsucht
nach buntem Lärm

einzig
Licht in Gedanken
an Menschen
die uns nah ohne Nähe
nur zu hören
in der Herzensstille

heut` ist ein Tag

zum Träumen,
der Nebel hüllt uns ein,
das Außen scheint verschwunden,
      der Mensch so klein.

Wo
ist das Glitzern von Weiß,
wo letzter Sonnenstrahl?
      Die Berggipfel verschluckt,
      wie weggeduckt.

Und mitten in dem Nebel
träum` ich von Hoffnung pur,
aufs Glitzern, Flimmern, Strahlen,
      von weitem eine Spur.

Blickrichtung heut` nach innen,
das Wissen nur tief drinnen,
der Nebel es verdeckt,
was da ist,
      hoffentlich uns bleibt –
            alle Zeit …

der Morgen

wenn die verbrauchten Tage verglühen
wie Sternschnuppen
in augustdurchstrahlten Nächten

wenn Blättern gleich
die Nächte
im nebligen Novembergrau verfliegen
und kalter Mond
sich müht zu wärmen

wenn in den Zeitkammern des Lebenshauses
die Regale überquellen
die Tür verschlossen ins Zurück
der Blick nach draußen
nur durch mattes Fensterglas

dann einzig hilft
der Morgen
mit seinem Schimmern
das die Wolken durchdringt

festhalten

den Tag
die Sonnenstrahlen
die Wolken
den Fluss

die Bank im Schatten
den Duft der Rosen

die Gespräche
das Lachen
die Nähe zu Freunden

in Bild und Wort
Kopf und Herz

festhalten
    ein Versuch

Zettelwirtschaft

verzettelt
verzockelt
planlos in Gedanken

fern
klarer Linien
weitab
der Wege schnurstracks

im Kopf-Gesträuch
straucheln
stolpern
stromern
stutzen
staunen

neugierig

Tod fragt nach Leben

Antrag auf Menschlichkeit

Afghanistan 2021

wir waren schon mal Meister
ich will nicht sagen wo und wann
gottseidank eine andere Zeit danach begann
doch jetzt sind wir die Meister beim Anträge stellen
irgendwann werden die Müllos davon überquellen

Menschen in größter Not
kurz vor dem Taliban-Kopf-ab-Tod
stellt einen Antrag zur Einreise in unser Land
kann das alles sein
   mir raubt es den Verstand

im Antragsverfahren sind wir groß
was ist bloß mit unserer Menschlichkeit los
steht die nur auf irgendeinem Papier
oder gibt`s die auch noch sonstwo hier?

bei uns braucht es einen Antrag auf Hochzeit und neues Gebiss
ansonsten bleibt die Zukunft uns ungewiss

wenn ich mal stehe bei Petrus vor dem Tor
wird der mich fragen
ob ich meinen Antrag verlor
oder ob ich denn etwa gar keinen geschrieben hätte
dazu fällt mir dann nur ein
   Fahrradkette

das tue ihm leid
flüstert Petrus ganz leis`
aber da verstehe auch der liebe Gott keinen Scheiß
so seien die Regeln in dieser Kammer
ohne Antrag kein Einlass
kein Schreien kein Gejammer

dann wieder ab nach unten ins Erdenblau
oh Gott denke ich
diese Hölle kenne ich doch schon ganz genau
lieber die Stufen zum Teufel – verdammt
am Himmel bin ich vorbeigeschrammt
weil mein Antrag gefehlt
so werde ich mein Lebtag nun in der Hölle gequält

beim Schwitzen dort wird mir die Zeit nicht rar
schreibe einfach schon mal ein Vorformular
darin muss man sich outen zum *Menschlichsein*
holt die Stifte raus
tragt bitte euch ein
für Menschen die direkt vor der Hölle stehen

sonst ist es bald um uns alle
geschehen

wir
die wir uns lieben

streiten bis aufs Messer
der verbalen Waffen
allmorgendlich
über dem Schwarzweiß
der vorgeführten Kämpfe im Osten
so nah so fern

über Schuld und Versäumnis
über die Menschen
unter den Trümmern

als könnten wir sie ausgraben
und denen an ihren sicheren Tischen
die Vernunft einhämmern

dabei ist es die Menschlichkeit
die alle zu leben verlernt haben

in einem Land nicht fern

Ukraine Februar 2022

nach einem Winter
nassen Graus
herbeigesehnt
das gelbe Bunt der Blüten
verhallt
ihr Sprießen
in dem Lärm von Bomben und Raketen

in einem Land nicht fern
    Ukraine
ein falscher Dirigent
bestimmt den Ton

in U-Bahnschächten
gedeihen keine Blumen
verkümmern in den Tränen
stumme Schreie
dort ist der Himmel fern
es dringt kein Sonnenschein
in tiefen Untergrund

in einem Land nicht fern
    Ukraine
ein falscher Dirigent
bestimmt den Ton

das Menschsein
scheint verloren
wenn statt Tulpen
Trümmer in den Gärten wachsen
der Vogelsang verstummt

in einem Land nicht fern
    Ukraine
ein falscher Dirigent
bestimmt den Ton

zuletzt
stirbt die Musik
gemordet
von dem falschen Dirigenten

der jeden Ton
erstickt

Vater
wenn er etwas sagen könnte

ich stelle mir vor
was er sagen würde
wenn er noch bei uns wäre

wenn er etwas sagen könnte
was er sagen könnte
wenn er es wollte

was er denken würde
fühlen
ob er verzweifelt wäre
entsetzt
resigniert
empört

wenn er etwas sagen könnte
ob er sprachlos wäre
oder voller herausstürzender Worte
Antworten hätte

ich sehe ihn
in seinem Sessel die Teekanne neben sich
nach einer Jugend
geprägt von einem Krieg und der Hoffnung danach
auf ewigen Frieden

vielleicht wäre er einfach nur
unendlich müde
traurig

enttäuscht

unser Ort Erde

hierzulande
Blauregenrauschen
Blütentrauben Bienensummen
gaukeln Frühling
Leben
hierzulande

anderswo
Bombenhagel
Raketendüsternis
bringen Zerstörung
Sterben
anderswo

unser Ort Erde

Tod fragt nach Leben

Bilder schmerzen
bis tief in die Seele

Gewalt gebiert
Hass
gebiert Gewalt
gebiert Hass gebiert Gewalt
gebiert Tod

Tod fragt nicht nach Schuld
fragt nach Leben

der Weg dorthin
ein mühsamer
gewaltloser

„wann wird man je verstehn?"

mitschuldig

wenn Worte weichen
übertönt vom Lärm der Waffen

mitschuldig
wenn Sprache in Flammen versinkt
beim Zuschauen der Zerstörung

mitschuldig
in den Zeiten des Schwadronierens
ohne miteinander zu sprechen

irgendwann sprachlos
angesichts der Toten und Trümmer

Friedenstaube Flügelschlag

Schluss mit Picken und Scharren
Kacken und Keckern
Gurren und Balzen

komm schon
beweg dich
heb ab

über die Marder und Leoparden hinweg
vorbei am F-16
sei laut und schnell

zeig`s dem Schmetterling
sein Flügelschlag
verhallt
zu leise

Wohl dem

der die Bank des Nachbarn
zum Besuch
das Gespräch
zum Verstehen
nutzt

Wohl dem
der die Hand ohne Waffen
anderen begegnet
auf den Wegen
der Unwegbarkeiten des Lebens

Wohl dem
der aufbaut
statt zerstört

Wohl dem
der auf Menschen trifft
denen Erde gemeinsame Wohnstatt
   schützenswert

Wohl dem ...

nur dieser Moment

_____

**Vogelzwitschern
oder
wenn der Cellospieler lächelt**

*Konzert im Rheingau
Kreuzgang Kloster Eberbach*

als hätte Tschaikowski
Zwischenräume
freigelassen

so klingt
Vogelzwitschern
zum Cello

während die Streicher
das Himmelsblau
über dem Klostergarten
mit weißen Federwolken
untermalen

fließen
Dunkel und Hell im Zusammenspiel
in Ohren
und Herzen

als gäbe es
keine Wasserfluten
keine Feuergewalten
menschengemacht

nur diesen Moment
wenn der Cellospieler lächelt

Flötentöne

treffen aufs Wort
verwirbeln die Buchstaben
tanzen ins Ohr
zerfließen im Satz

duren und mollen
schmollen und schmeicheln
summen und singen und trippeln und trällern
zwitschern und tirilieren
klingen und klagen und weinen
lächeln – leise

fliegen vorbei
        berühren

Haiku

Tänzerinnen

tanzen und drehen
von den Füßen bis zum Kopf
runde bunte Welt

habe mich ganz in der Zeit verloren

vertrödelt
verträumt
in Gedanken gedankenlos
ein endloser Moment Unendlichkeit

wiedergefunden
beim Blick auf die Uhr

schade

mehr als angekommen

an Martin Walser
zu „Sprachlaub"

durch und hindurch und tiefer
getroffen
bis ins Gedärm
aufgewühlt
angeschlagen

will mehr hören
als die Amsel im Baum
mich stellen
dem Wind
und dem Regen
„der wie Seide fällt"

kein Klatschen

zwischen Tag und Traum

———————————————————

ich sehe ihn noch

ein Mensch ist gegangen
nicht ganz
nicht völlig
ich sehe ihn noch

habe das Fragen eingestellt
warum?
so früh?
wie geht`s weiter?

ein Mensch ist gegangen
nicht ganz
nicht völlig
ich sehe ihn noch

in den Zweigen der Bäume
und den Spiegelungen im Fluss

unter einem Baum

kühlender Schatten
in der Hitze des Lebens

Wurzelgeborgenheit
im Unendlichen

jeder Lichtstrahl
der durch die Blätter fällt

Leuchtpunkte
der Erinnerung

Fragen zwischen Tag und Traum
… ob dort auch die Stürme peitschen
und das Meer die Wellen schickt
ob die Möwen schreien kreischen
und Sand zwischen Zehen zwickt
ob die Sonnenstrahlen reichen
bis ins All und ob sie gleichen
denen die mich hier entzückt
ob mich dort auch Fragen plagen
ob und wie warum und wann
oder alles klar vor Augen
jemand Antwort geben kann
ob mein Liebster mir wird nah sein
oder Einsamkeit mich streift
ob der Tag wird dorthin folgen
oder Dunkel nach mir greift …

will ich`s wissen
besser nein
                      lieber Erdenkind noch sein

Kraft schöpfen

aus der Natur
wie sie ist
nicht war
nicht sein wird
aus dem Jetzt der Farben und Gerüche
dem Zerfall
dem Entstehen

Kraft schöpfen
aus der Unvollkommenheit
aus dem Chaos und der Ordnung
aus dem Bunt und dem Grau
dem Enden und Werden

Kraft schöpfen
aus der Größe
und der eigenen Winzigkeit
aus Zerrüttung und Schönheit
aus der Ruhe und dem Sein

Kraft schöpfen

Hirngespinste

seidig gewebt
glitzern Tautropfen
in Spinngeweben

sichtbaren
Kunstwerke

in durchscheinendem Glanz
ähneln sie
Fäden
in unseren Köpfen

zerbrechlicher
als bombenfeste Realitäten

leider

Herbst anders

endlich
den Sommer zusammengekehrt
in bunte Blätterberge gesprungen
die Bäume in ihrer Nacktheit als Zuschauer

endlich
der Hitze den Garaus gemacht
die letzten Kaffeetassen vom Terrassentisch geräumt
den Kranichen nachgewunken
in Erwartung von Sturm und Regen und Eis und Schnee

während die Gletscher schmelzen
die Meeresspiegel steigen
der Gashahn runter
die Kaltdusche
raufgedreht wird

während Kürbislichter
das Dunkel durchdringen
und die Halloweengestalten
den wahren Grusel dieser Welt
überdecken

hoffen wir auf die nächste Zeitenwende
Frühling anders

über den Sommer hinaus

Schönheit
braucht keinen Namen
das Auge selbst
lässt sie erstrahlen

im Finden
im Abbilden
im Öffnen und Eröffnen

ganz nah
aufgeblättert
festgehalten
über den Sommer hinaus

nur schauen
immer wieder schauen

Schönheit verwundern lassen

trotz und wegen und überhaupt

Freundschaft

so packe ich
einfach
ein Päckchen
aus Erinnerungen und Phantasie

eingeschlagen
in Gedankenpapier
umwickelt mit einem Band
aus Worten

schicke es auf den Weg
via Satellit
zu dir

stelle mir vor
wie du auspackst
und sie findest
mittendrin
in dem Wust
von Papiergedanken
und Wortebändchen

unsere Freundschaft

**Mutter
in den Weiten dieser Welt**

heute
wandere ich für dich
und mit dir
in Kopf und Herz

während die Wasser des Rheins
die Bänke auf der Uferpromenade
verschwinden lassen
führt mein Weg
oben durch die Weinberge

dir ein Stück näher
auf deinem Stern
in den Weiten dieser Welt

mit den Gedanken an die Lebenden
und die Toten
sehe ich den Fluss steigen
über die Dämme
die Straßen
die Häuser
die Menschen

dich weiß ich
in Sicherheit
auf deinem Stern
in den Weiten dieser Welt

während die Burgen des Rheins
hoch über den Fluten
mich tausend Geschichten
erspinnen lassen
und der Fluss sich alles holt
was er will

weiß ich dich sicher
genau hundert Jahre nach deiner Geburt
auf deinem Stern
in den Weiten dieser Welt

zwischen den beiden

keine Falte
keine Grausträhne
versteckt –
sowas wie Liebe

jedes Augenleuchten
jede Geste
zeigt –
sowas wie Liebe

kein Alter
stoppt –
sowas wie Liebe

jeder Moment
zählt –
zwischen den beiden

lass uns Sterne sammeln

wenn alles zusammenfällt
hol sie vom Himmelszelt runter
lass uns retten
die Welt

lass hell leuchten ein Glitzern
das sie verbreiten für uns
halt sie fest in den Händen
lass sie niemals enden
die Welt

lass mich nicht alleine
in ihrem gleißenden Strahl
jedes Licht ohne dich –
                         eine Qual
lass uns retten
die Welt

trotz und wegen und überhaupt

versuche ich
mit leisen Worten
vom Glück mit dir
in aller Stille
zu erzählen

wenn
Bombenlärm von Ost
herüber dröhnt
und unsre Erde
kurz vor zwölf
aufs schlimmste
zu vergehen droht

wenn
Krankheit
immer fester
nach dir greift
und Schatten wirft
auf dieses Leben
deins
und meins

versuche ich
mit leisen Worten
vom Glück mit dir
in aller Stille
zu erzählen

trotz und wegen und überhaupt
in Liebe

Warten auf Farben

———————————————————

in den Zeiten

als ein Weiß
die Schwere von Sommer und Herbst
überdeckte
Grauheiten begrub

da konnten wir Luft holen
unter dem Schnee
Einatmen
für den nächsten Frühling
mit seinem Aufbruch
den Mühen eines Neubeginns

in den Zeiten
war die Kälte
warm und wohlig
in Erwartung von Grün

heute
in Zeiten des fehlenden Weiß`
schmelzen kleinste Schneeflocken
bevor sie uns
über den Winter bringen konnten

**Schnee
in der Ebene**

überdeckt Bombengrau
mit Glitzermomenten
knirscht wohlig unter den Schuhen
lässt Kinder kreischen
Hunde tollen
Sorgen vergessen

in den Schneematschspritzern
am nächsten Morgen
tauchen sie wieder auf
die Zahlen der Toten
erinnern uns an Krieg

beim Warten auf Farben

gestern

hat mir einer
was von Weisheit
erzählt

nein
nicht der
„mit den Löffeln gefressen"

sondern der
vom Schnee
und der Demut
die den Menschen ergreift
wenn er
aus dem Grau kommend
das Weiß
und die Weisheit
zulässt

Altes Testament trifft Lyrik

ist es zu glauben oder zu verstehen
habe plötzlich verrückte Gemeinsamkeiten
                                              gesehen

von Weisheit und Demut
vom Nichts-Tun und Tun
die Gedanken darüber
lassen mich nicht ruhn

vielleicht hat Erzengel Rafael ganz leise
seine Finger im Spiel
                    auf irgendeine Weise
vielleicht ist es auch einfach das Offensein
für fremde Gedanken
dabei wird man ganz klein
und sieht Parallelen in dieser Welt
als wären sie vom Meister da oben bestellt

es dreht sich im Kopf
im Bauch und im Herz
zunächst dachte ich an einen Scherz
aber nein
es hat gepasst einfach gut

                Alt-Testament und Lyrik
                beides macht Mut

Weihnachten – geht das überhaupt?

Weihnachtswunsch

der lange Run
über den wackligen Planeten

während uns Wasserfluten überschwemmen
Hitzewellen die Grüntöne vergilben lassen
Menschen sich gegenseitig niedermetzeln
während andere an Grenzen erfrieren

unfassbare
verdrehte
verletzliche Welt

nur einen kleinen Moment
      Innehalten

Weihnachten ...
geht das überhaupt?

Weihnachten 2021

Huch!
Weihnachten – du schon wieder?!

Du feste Konstante in jedem Jahr,
nach allen Chaos-Überraschungen wird uns klar,
dieses Jahr im Rückblick nicht grade erbaulich,
Leben live wieder mal voll an-schaulich.

Eigentlich war es katastrophal,
deshalb am Jahresende phänomenal:
eine neue Regierung, so bunt, das besticht,
wir lassen uns impfen,
und die Querdenker schimpfen.
Der Klimawandel,
     die schlimme Erkenntnis, in Deutschland angekommen,
hat letzten Zweiflern endlich Wind aus den Segeln genommen.
Gelernt aus Afghanistan und Talibanschrecken,
kein Krieg bringt die Lösung,
     nicht ums Verrecken.

Nudelauflauf im Ofen,
ein bisschen schwofen,
kleine Lichtstrahlen, wer will es uns verdenken,
können allen Zuversicht schenken.
Wir brauchen die Kerzen, paar Plätzchen dazu,
die Hoffnung auf Frieden und
     paar Tage Ruh`.

Huch!
Weihnachten – schön, dass du da bist!

**Gut,
dass es Weihnachten gibt!**

Schafft Zeit zum Ausruhen von Kopf, Herz und Beinen,
endlich paar Stündchen zum Lachen und Weinen,
zum Treff unsrer Liebsten
und uns selber – oh Schreck –
      Illusionen weg

Gut,
dass es Weihnachten gibt!
Zum Nachdenken und Hoffen, die Erkenntnis vielleicht,
dass es mit Klimasünden und Waffengewalt endlich reicht.
Dass die Botschaft der Geburt von diesem Kind,
egal welch` Glaubens wir dabei sind,
uns hilft zu erkennen, was wirklich von Wert,
      nicht verkehrt

Gut,
dass es Weihnachten gibt,
sonst würden wir ständig weiter rotieren,
den Überblick noch völlig verlieren.
Würden laufen und rennen, wie der Hamster im Rad,
      wär` doch schad`.

Gut,
dass es Weihnachten gibt,
      nicht nur der Plätzchen wegen …

zwischen den Jahren

auf dem Weg
noch nicht angekommen
mit zittriger Hand an steilem Fels
kein fester Halt unter den Füßen
ein Plateau entdeckt
sicher für einen Moment
Atem holen
Aufwärmen
Kraftschöpfen
in Steinschlag und Sturmböen
der Gipfel hinter Wolken

ein Aufleuchten in weiter Ferne
auf geht`s
weiter

im neuen Jahr

Zeitstrukturen verschwimmen

auf Tag folgt immer noch Nacht
und Heilig Abend lauert um die Ecke

das Zeitgerüst brüchig
im Verglühen der Raketen
bei Neujahresbeginn
das Ganze von vorne

auf jung folgt alt
auf gesund ein Virus
Fenster auf Fenster zu
Milliarden sind die neuen Millionen
die Weihnachtsplätzchen im Ofen
am Verbrennen

schnell schneller turbo
das Umblättern der Schlagzeilenschrecklichkeiten

Zeitstrukturen verschwimmen

rosarot

umgeblättert aufgeklappt
ein neues Jahr
die Altlasten noch im Gepäck

doch
Zuversicht
im Glitzern der Wunderkerzen

hör nur
das Klopfen des Buntspechts
eine Oktave höher

und schau
der Wolkenhimmel
so rot

rosarot

Lebenslust

Glaube

behaftetes Wort
eingesperrt in wallende Gewänder
Gewissen und Gedanken
in Suchen und Finden und Zweifeln und Hoffen

Glaube
egal ob an den Urknall aus dem Nichts
oder einem Nichts und Alles mit Namen Gott
ob an Tod und Teufel
an Wunder
oder Wissenschaft
Mystik oder Mammon
ob an Zauber oder Zahlen

letztendlich
sind es die Menschen
und die Rosen und der Ranunkel
die Seen und die Wälder
die Amseln und der Frosch
es ist das Leben
und das Sterben
die kurze Erdenzeit
über die ich
egal woran ich glaube
    staune

Marienkäfergeschichte

Wenn
die Marienkäfer
verrückt spielen,
ein Sommerwind die Wolken
verwirbelt,
der Himmel uns die Sinne
mit seinen Blauvariationen
verzaubert
und ein stolzer Storch
furchtlos auf Froschsuche
seine dünnen, roten Beine zeigt –

dann hat uns der liebe Gott ganz einfach
einen wunderschönen Tag geschenkt.

du bist

du bist dein eigener Frühling dein Sommer
deine Sonne dein Wind
deine Erde dein Meer

du bist dein Winter dein Herbst
dein Schnee und dein Weiß
dein Bunt und dein Schwarz

du bist dein eigenes Glück und dein Schmerz
dein Nein und dein Ja

dein vielleicht

halt` mich nicht für verrückt

doch manchmal bin ich entzückt
vom Leben und Lieben
vom Weinen und Lachen
vom Wut entfachen
und vom Versöhnen und Vertragen
                    vom Nichtverzagen

halt` mich nicht für verrückt
wenn ich sehe einen Tag grau
den anderen rot
nein ich sprech` nicht vom Tod
sondern Leben in bunt
manchmal läuft`s völlig rund
und dann wieder rosarotviolett
                    kariert komplett

halt` mich nicht für verrückt
ich träum` noch
von Frieden und Gleichheit auf dieser Welt
beim Aufwachen sehe ich die Gier
                    nach Macht und nach Geld

halt` mich nicht für verrückt
die Welt scheint geglückt
wenn Waffen schweigen
und Menschen sich zeigen
füreinander da
      sich nah

halt` mich für verrückt
ist doch legal
total
phänomenal
mal nicht digital
zumal ...
sei`s drum
        egal

Lebenslust

Wäre ich eine Katze,
würde ich jetzt schnurren,
würde mich rekeln und strecken
und rollen mich ein –
              wäre fein!

Wäre ich eine Taube,
würde ich gurren,
ganz leise surren,
die Flügel erheben,
in die Lüfte schweben,
von oben mal schau`n,
              mit Gottvertraun!

Wäre ich ein Hund,
würde ich bellen,
auch wedeln mit dem Schwanz,
denken –
              Firlefanz!

Doch bin ich Mensch,
und so ist`s gut,
ziehe vor Katz`, Hund und Taube den Hut.
Als Mensch kann ich
schnurren und gurren und bellen,
              je nach Lust,
im Wohlbefinden vergessen allen Frust –
              Lebenslust!

Inhalt

5   Hoffnung

Rückblick - Lichtblick

9   Lichtblick
10   Gesicht zeigen
11   die Stille
12   Gedankenflüge
13   kleine Guthaben
14   Mensch

Zitronenfalter – Zuversicht

17   Rosmarin
18   gut so
19   Gänseblümchen
20   Maiglöckchenweiß
21   fast
22   Kirschblüten
23   Frühlingschaos oder alle sind wir Sternchen
24   korrekte Anrede

so wie immer und ganz anders

27   Karfreitag mal anders
28   Heut`
29   Schaf
30   Feld und Wald
31   Reh-Meeting
32   Altrhein
33   angekommen

| 34 | unverlierbar |

Schokoladeneis

37	wenn du
38	Schokoladeneis
39	Sonne I
40	Sonne II
41	Kindheitsglück
42	schlafen verlernt
43	beraubt
44	Kaktusblüte oder Momente die zählen
45	mutmachrosenrot

wie eine Düne

49	wie eine Düne
50	der Tag
51	der Tag schafft mich
52	einzig
53	heut` ist ein Tag
54	der Morgen
55	festhalten
56	Zettelwirtschaft

Tod fragt nach Leben

59	Antrag auf Menschlichkeit
61	wir die wir uns lieben
62	in einem Land nicht fern
64	Vater
65	unser Ort Erde
66	Tod fragt nach Leben
67	mitschuldig
68	Friedenstaube Flügelschlag
69	Wohl dem

nur dieser Moment

73	Vogelzwitschern oder wenn der Cellospieler lächelt
74	Flötentöne
75	Tänzerinnen
76	habe mich ganz in der Zeit verloren
77	mehr als angekommen

zwischen Tag und Traum

81	ich sehe ihn noch
82	unter einem Baum
83	Fragen zwischen Tag und Traum
84	Kraft schöpfen
85	Hirngespinste
86	Herbst anders
87	über den Sommer hinaus

trotz und wegen und überhaupt

91	Freundschaft
92	Mutter in den Weiten dieser Welt
94	zwischen den beiden
95	lass uns Sterne sammeln
96	trotz und wegen und überhaupt

Warten auf Farben

99	in den Zeiten
100	Schnee in der Ebene
101	gestern
102	Altes Testament trifft Lyrik

Weihnachten – geht das überhaupt?

105	Weihnachtswunsch

106	Huch! Weihnachten – du schon wieder?!
107	Gut, dass es Weihnachten gibt!
108	zwischen den Jahren
109	Zeitstrukturen verschwimmen
110	rosarot

Lebenslust

113	Glaube
114	Marienkäfergeschichte
115	du bist
116	halt` mich nicht für verrückt
117	Lebenslust

Zur Autorin

Hanne Strack wurde 1948 in Wetzlar geboren und lebt seit vielen Jahren in Rüsselsheim. Sie ist verheiratet, hat eine Tochter. Von Beruf ist sie Sonderpädagogin und Yogalehrerin, jetzt im Ruhestand.

Veröffentlichungen:
- *Hanne Strack, Lyrik – leiselaut*, Dorante Edition (Hrsg), BoD 2018
- *Hanne Strack, mutmachrot*, Dorante Edition (Hrsg), BoD 2020
- Gedichte in den Lyrikbänden des Literaturpodiums:
Abendsegel, Nordlandwinter, Schattenspiel der Berge, Im Dünenblick, Pinselstrich, Klavier und Kunst, Sommernächte bei dir, Im Mosaik der syrischen Spuren
- Gedichte in: *Jahrbuch Kreis Groß-Gerau* 2021, 2022
- Kurzgeschichte *Metoo für Mama* in: *Raubtier, Stockstädter Literaturwettbewerb*, bornhofen-verlag 2019

Webseite: www.hannestrack-lyrik.com
Kontakt: hannestrack@gmx.de

lyrik leiselaut

Hanne Strack

140 Seiten, 2018

Aus dem Gegensatz leise – laut wird in der Lyrik von Hanne Strack eine Einheit. Leise die Töne in einfacher, klarer Sprache, laut deren Wirkung. Durch scheinbar gleiche Worte am Anfang und Ende entsteht bei vielen Gedichten ein Rahmen, der diesen Gegensatz zusammenführt. Aus dem leisen „wie sonst", wenn es um Überlebenstraining geht, wird ein lauter Klang am Ende, „klar, wie sonst!" Die leisen Töne machen die Musik für die Themen, die berühren und unter die Haut gehen.
Eine große Bandbreite von Inhalten kommt zur Sprache, ohne falsche Verklärung, kritisch auf den Punkt gebracht. So „fragil wie der Tanz auf dem Seil" wird Leben dargestellt, während in der „Ballade Amerika" die Geschichte einer ganzen Generation vorüberzieht.
„Ich hab`am Küchentisch geweint", ein Aufschrei der Hilflosigkeit, ein Zugeben der Machtlosigkeit. Nicht Aktionismus, sondern Innehalten und Nachdenken sind Thema. Welche Wege versprechen Hoffnung? In leise Worte zu fassen, was viele Menschen berührt, ohne große Töne zu spucken und trotzdem laut gehört zu werden, ist in lyrik – leiselaut gelungen.

Leseproben, Inhaltsverzeichnis: www.literaturpodium.de

Jahre im September

Gedichte und Erzählungen

Marko Ferst

212 Seiten, Edition Zeitsprung, 2017

Über Ostseeinseln wie Öland und Usedom streifen die Gedichte. Sie führen in die schwedische Schärenstadt sowie nach Buchara, Samarkand oder in den Ural. Magische Ausflüge in die Natur und Tierwelt tauchen auf. Gedichte zu Musik, Literatur und Malerei reichern diesen Lyrikband an. Unter die Lupe genommen wird der Drang der Regierenden, uns mehr und mehr auszuspionieren. Kritik zieht das gescheiterte Afghanistan-Abenteuer auf sich, das syrische Totenfeld wird umrissen. In Bangladesch zeichnen sich weitere Landnahmen des Meeres ab, Wasserstände, die mit unserem verschwenderischen Lebensstil im Norden verbunden sind. Sondiert wird, warum unsere Zivilisation ökologisch zu scheitern droht, sich längst im Spätstadium befindet. In der Arktis zeigt sich, wie weit das Vorspiel zum Klimaumsturz schon gediehen ist. Spitzbergen archiviert unsere letzten genetischen Hoffnungen. Den Spuren und Abgründen einer mysteriösen Krankheit wird nachgegangen. Der Band enthält zwei Erzählungen - eine arktische Begegnung zwischen weißen Raubtieren und einen Blick in das sowjetische Speziallager Sachsenhausen.

Leseproben: www.umweltdebatte.de Bestellung: marko@ferst.de

mutmachrot

Gedichte

Hanne Strack

mutmachrot

Gedichte

Hanne Strack

128 Seiten, 2020

Die Farbe Rot steht häufiger im Blickpunkt in diesem Gedichtband, ob als Mohnfeld oder dampfende Tomatensuppe und nicht zuletzt als rote Linie. Uns umgebende Dinge, Situationen des alltäglichen Lebens greift die Autorin auf. Eine klare, verständliche Sprache ist ihr wichtig, um Raum für unterschiedliche Sichtweisen zu schaffen. Auf der Suche nach der eigenen Identität, in der uns Phänomene wie Zeit, Kindheit, Alter begegnen, beschreibt sie Gedanken der Hoffnung, des Staunens über diesen Ort Erde, über das Erleben von Stille und die Möglichkeiten der Liebe. Die Lyrik ist ihr Ventil, um Freude, Schmerz, Angst, Zuversicht in Worten auszudrücken, bevor diese im Sprachschatten verlorengehen. So werden zum Beispiel die syrischen Schicksale eingeblendet. Die Corona-Tragödien gehen ihr nah. Rückblicke und Prognosen zum Weihnachtsfest tauchen auf. Ein Eisvogel fliegt vorüber. Die Lyrik der Autorin eckt an, wirft Fragen auf und setzt neue Akzente immer in Verbindung mit Lichtblicken.

Leseproben, Inhaltsverzeichnis: www.literaturpodium.de

Bis dein Blick Meer wird

Gedichte

**Ulrich Grasnick, Günter Kunert, Sigune Schnabel
Henry-Martin Klemt, Charlotte Grasnick, Marko Ferst u.v.a.**

412 Seiten, 2019, 14,90 €

In der frischen Brise kurven Möwen über Dünen und Meer hinweg. Viel Weiß verbrauchte Caspar David Friedrich für seine Kreideküste. In einem weiteren Gedicht bricht die brennende Takelage des Winters herunter, umkreist von Rottgänsen. Farbige Versprechen tauchen beim Mexikanischen Totenfest auf, neue Kleider werden geschenkt. Ein Traumdetektiv geht auf die Suche. Patagoniens Puma und die Ruta 40 bekommen ihren Auftritt, Andengipfel. Für die Mutter will jemand kochen in einem syrischen Garten mit Datteln, wenn der Krieg vorbei ist. Blaue Pausen fallen in das Meer der Töne, Debussy verzaubert mit Flöten die Hörer. Krakauer Tauwetter, jemand spielt auf einer geraubten Trompete. Wie könnte Frühlingsluft durch die Flure der Zivilisation wehen? Der Müggelsee lädt zu einer Dampferfahrt ein. Grafiken von Dorothee Arndt illustrieren den Band. Das Köpenicker Lyrikseminar mit der Lesebühne der Kulturen Adlershof ist seit weit mehr als vier Jahrzehnten eine Institution. Für diesen Gedichtband wurden zahlreiche Gäste dazugeladen.
Leseproben: www.umweltdebatte.de   Bestellung: marko@ferst.de

Milton Keynes UK
Ingram Content Group UK Ltd.
UKHW040937051023
430000UK00001B/38